7.
Lk 1180.

CONSIDÉRATIONS GÉNÉRALES

SUR

L'AGRANDISSEMENT

DE

LA COMMUNE DE

BORDEAUX

SEPTEMBRE 1855.

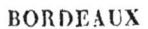

BORDEAUX
IMPRIMERIE RAGOT, 11, RUE DE LA BOURSE.

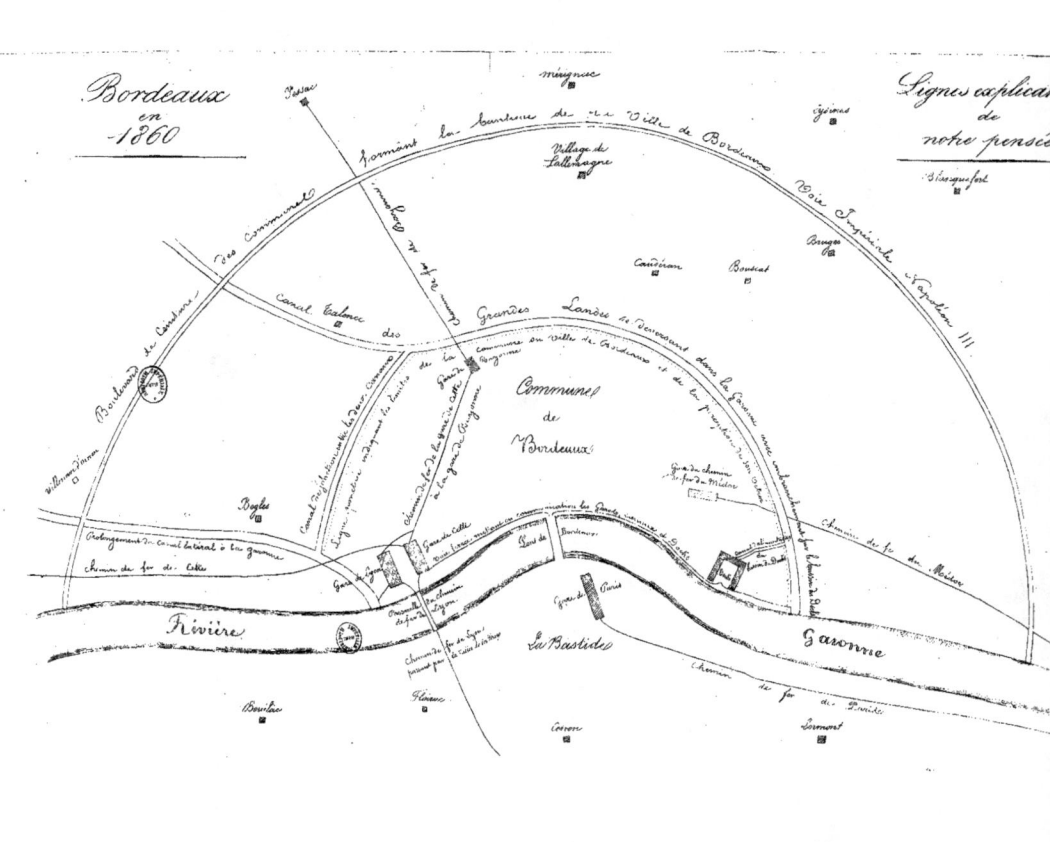

CONSIDÉRATIONS GÉNÉRALES

SUR

L'AGRANDISSEMENT

DE

LA COMMUNE

DE BORDEAUX.

Le sujet que nous allons examiner, celui de l'agrandissement de Bordeaux, est incontestablement le plus grave qui puisse se présenter en ce temps d'ordre et de paix, puisqu'il aurait définitivement pour résultat d'altérer l'intégralité communale et de modifier par suite le régime municipal.

Il est certain en effet que l'agrandissement de Bordeaux ne manquerait pas d'amener l'adoption d'une résolution semblable, à l'égard de toutes les villes de France ayant une importance notable. Marseille, Lyon, Rouen, Nantes et vingt autres cités réclameraient, sans doute, l'application du même principe, et, de cette circonscription exagérée donnée aux communes urbaines au préjudice des communes rurales, résulterait bientôt pour les premieres, l'insuffisance de leurs revenus et l'obligation d'agrandir le cercle de leurs octrois, d'en élever même le tarif, pour les mettre à portée de faire face aux dépenses occasionnées par une situation si exceptionnelle.

Nous croyons ne rien exagérer à cet égard et être parfaitement dans la vérité, nonobstant toutes les objections qui pourraient nous être faites.

Appréciant ainsi la situation, l'agrandissement du périmètre de la commune de Bordeaux ne saurait être discuté avec trop de discernement et résolu avec trop de maturité.

Mais, faisons-nous une demande :

A qui donc profitera l'agrandissement de Bordeaux? Est-ce à cette ville elle-même, pour maintenir sa prospérité financière? Est-ce au Gouvernement, qui verrait dans cette mesure une plus forte garantie d'ordre public?

Chose singulière! après tout ce qui a été dit et écrit sur cette grave proposition, nous croyons, nous, si désireux de ce qui peut concourir au bien général, que la commune et le Gouvernement sont, au contraire, très-sérieusement intéressés, l'un et l'autre, à ce que la ville de Bordeaux, pendant de longues années encore, malgré toutes les prospérités dont elle a la perspective, n'augmente pas sa superficie.

Nous sommes fortifiés dans cette pensée par la comparaison que nous faisons de Paris avec Bordeaux.

Le périmètre de Paris est de 34,379,016 mètres carrés; celui de Bordeaux est d'environ 11 millions de mètres.

La population de Paris est de 900 mille âmes; celle de Bordeaux est de 118 mille.

Les revenus ordinaires de Paris s'élèvent à 40 millions de francs; ceux de Bordeaux à 3 millions.

Ainsi, l'étendue de Paris, comparée à celle de Bordeaux, est seulement *trois* fois plus considérable, tandis que sa population l'est *huit* fois davantage, et, son revenu, *dix* fois plus élevé que le nôtre.

Que doit-il résulter pour un esprit méditatif de ces trois comparaisons, si ce n'est que la population de la commune de Bordeaux pourrait être deux fois plus considérable qu'elle ne l'est actuellement, sans qu'il fût nécessaire d'augmenter son emplacement, si toutefois et comme réserve essentielle, par une meilleure application de son revenu, on parvenait à concentrer et à retenir la population ouvrière et industrielle dans la ville, au lieu de l'exciter à se répandre dans les dix communes dont on prétendrait faire des annexes de celle de Bordeaux?

Mais, pour arriver à ce résultat, disons ce que, selon-nous, devrait faire notre administration municipale.

Ne serait-ce pas d'obtenir la vie à meilleur marché, par l'abaissement de quelques tarifs et une surveillance plus soutenue vis-à-vis de ceux dont les menées et les calculs si nuisibles à l'ordre public, tendent constamment à faire enchérir les denrées de première nécessité?

Ne serait-ce pas de retenir et de fixer définitivement sur la rive gauche de la Garonne tous les chantiers maritimes, par l'abandon des droits d'octrois sur les bois de construction et par d'autres prévenances municipales envers des établissements qui concourent si puissamment à la gloire et à la prospérité de notre cité?

Ne serait-ce pas de faire baisser les prix des logements, en en augmentant considérablement le nombre par l'ouverture des voies nouvelles tracées sur le plan général de la ville?

Ne serait-ce pas d'engager le Gouvernement si bien disposé pour nos contrées méridionales, à accélérer l'exécution du canal des Grandes-Landes et de la prolongation jusque dans nos murs du canal latéral à la Garonne?

Ne serait-ce pas de favoriser la construction des docks maritimes, sur la rive gauche de notre rivière, en amont ou en aval du Magasin des vivres de la marine impériale?

On ne saurait révoquer en doute que :

D'une part, la formation des places, cours et rues, selon les vastes conceptions de MM. de Tourny et Dupré de St.-Maur, et selon les plans ordonnancés depuis longues années par le Gouvernement ;

Et, d'un autre côté, le creusement du lit des canaux de la Garonne et des Landes et du vaste bassin maritime des docks commerciaux, ne produisissent une masse incalculable de remblais, très-positivement suffisante pour l'assainissement de tous les marais qui nous environnent et pour niveler convenablement toutes les parties de la ville, beaucoup trop négligées jusqu'à ce jour.

Puis encore, saurions-nous mieux faire que de suivre les sages avis et les exemples salutaires que nous devons entièrement aux vues si philantropiques et si paternelles de l'Empereur ? Pourquoi, disons-nous, la ville n'appliquerait-elle pas une partie de ses ressources à la création de trois ou quatre cités ouvrières, placées aux extrémités les plus élevées et, par conséquent, les plus saines de la ville, où les familles pauvres et laborieuses trouveraient, au plus bas prix possible, des logements commodes, aérés, parfaitement sains ?

Pourquoi, enfin, selon les mêmes inspirations, la ville ne ferait-elle pas placer, à proximité de tous les quartiers populeux, des lavoirs publics où les compagnes et les filles de nos ouvriers trouveraient une occupation lucrative, que leur ôtent à présent les femmes des communes rurales dont les bras nerveux seraient bien plus utilement employés pour elles-mêmes, aux travaux si nécessaires de l'agriculture, qu'au lavage du linge des habitants de la ville?

A ceux qui douteraient de la possibilité d'exécution de toutes ces choses, nous affirmerions qu'elle serait immédiatement réalisable par un emprunt dont le capital serait bientôt remboursé, et nous ajouterions que dans tous les cas elle nous est commandée, non-seulement par notre intérêt même, mais aussi par la nécessité de remplir nos obligations envers l'État.

Que seraient les villes livrées à leurs revenus naturels, si le Gouvernement ne leur avait pas concédé le privilége de prélever, sous le nom d'octrois, des droits d'entrée sur une infinité d'articles de consommation?

Évidemment, les villes ne pourraient pas se soutenir sans recourir à des dons volontaires dont la plus complète insuffisance serait bientôt démontrée.

C'est donc au Gouvernement seul que les villes doivent leur état financier, et, de là, en échange d'une si grande concession, n'est-il pas vrai et juste de dire qu'elles ont contracté l'obligation sacrée d'appeler sur l'État et son Souverain toutes les gratitudes des masses?

Or, nous ne connaissons qu'un moyen de disposer invariablement les populations en faveur du Pouvoir, c'est que les villes emploient la majeure partie de leurs ressources à assurer leur bien-être.

Selon nous,

Le régime municipal d'une commune devrait être le même sur tout son territoire.

Nous ne comprenons pas les deux distinctions de ville et de banlieue dans une même commune, ressortant d'une seule autorité municipale.

A notre point de vue, une ville devrait former une commune, et les communes limitrophes devraient former la banlieue de cette ville.

Une ville ayant obtenu du Gouvernement la faveur de prélever des droits d'entrée sur les articles ou les aliments dont elle fait usage, ces droits ne devraient pas seulement être perçus sur une partie du territoire de la commune, mais bien sur toute son étendue.

On ne saurait contester avec raison que les droits d'octrois, sagement et équitablement prélevés, ne fussent favorables à la prospérité de la commune ; tous les membres de la commune sont donc intéressés à y être assujettis s'ils veulent participer également aux avantages qui en sont la conséquence.

De là, on le voit encore, résulte la plus rigoureuse obligation de resserrer autant que possible l'étendue des villes, d'y concentrer les populations par tous les moyens imaginables, par toutes les immunités raisonnables, par toutes les causes de conservation et d'agrément et notamment surtout par la vie à bon marché.

Si nous jetons les yeux sur le plan de Bordeaux, ne voyons-nous pas cette ville entourée des marais de Bacalan, des Chartrons, du Bouscat, de Bruges, de Blanquefort, de l'Archevêché, de Bègles?

Qu'avons-nous fait pour leur assainissement? de quelles sommes avons-nous disposé jusqu'à ce jour sur notre gros budget municipal, pour aider les communes de la banlieue dans l'accomplissement de ce travail, où nous sommes plus intéressés qu'elles-mêmes, car notre population si considérable est comme enveloppée par les émanations que déterminent en ces lieux les chaleurs ardentes de l'Été?

Ne voyons-nous pas aussi sur ce plan une infinité de quartiers, notamment ceux compris entre les chemins de Médoc et de la Croix-Blanche où des sablières, transformées en véritables foudrières, reçoivent des eaux pluviales qui, n'ayant aucun écoulement, causent des exhalaisons dangereuses pour la santé publique, comme si en bonne police leurs propriétaires n'eussent pas dû remplacer immédiatement par des remblais les sables qu'ils ont vendu, dont ils ont profité au détriment de la salubrité de la ville? Mais, ne devons-nous pas les absoudre mille fois, quand des compagnies puissantes se montrent aussi peu soigneuses de l'hygiène dans l'exécution des grands travaux publics dont elles se sont chargées?

N'y voyons-nous pas également des terrains immenses utilisés en prairies, en pépinières, en jardins de toutes sortes, en plantations diverses, dans l'attente éternelle d'une division en places et rues qui donneraient lieu à des constructions nombreuses, profitables à la fois à ceux qui les possèdent et à toutes les industries dont elles faciliteraient le développement?

Mais, en vérité, si 5 millions de mètres de terrains sont encore vierges de constructions, sur 10 à 11 millions dont se compose la commune de Bordeaux, nous ne saurions voir équitablement, ni pour elle, ni pour le Gouvernement, l'utilité de lui donner le développement projeté par l'annexe de tout ou partie des communes de Villenave-d'Ornon, de Bègles, de Talence, de Pessac, de Mérignac, de Caudéran, du Bouscat, de Lormont, de La Bastide et de Floirac, dont l'intégralité est ainsi menacée, si toutefois, nous le répétons, nous savons, par une administration prévoyante et paternelle, et par la meilleure application de nos revenus, retenir au sein de la ville les populations laborieuses, auxquelles nous ne saurions trop porter d'affectueuses sympathies.

Obtenons donc ce très-heureux résultat par notre sagesse, par notre philantropie, et l'ordre, soyons en persuadés, ne sera dans aucun temps troublé nulle part; la population urbaine, occupée seulement de ses travaux industriels et commerciaux, et la population rurale, absorbée tout entière par les travaux des champs, se rendront constamment dignes de la bienveillance de leurs magistrats et des hautes faveurs du gouvernement impérial.

GOUVERNER DE LOIN ET ADMINISTRER DE PRÈS, nous a dit le sauveur de la France; suivons donc, en ce qui regarde particulièrement la commune de Bordeaux, cette judicieuse maxime, et qu'il nous soit permis de compléter nos observations par une dernière et bien importante remarque.

La commune de Paris avait autrefois un maire, un seul maire, magistrature trop formidable pour ne pas inquiéter le pouvoir suprême dans les temps d'agitation; aussi, en 1796, le gouvernement divisa-t-il la commune de Paris en douze municipalités, et bientôt après, l'Empereur institua en outre la préfecture de police, spécialement chargée des passeports, de la voirie, de la surveillance des subsistances et des lieux publics. Ce principe reçut la même application dans toutes les villes de premier ordre, comme Bordeaux, Lyon, Marseille, avec bien plus de raison peut-être comme très-éloignées de la métropole.

Ainsi, à Paris, l'autorité municipale dont les attributions n'ont à peu près aucune portée politique, est partagée par douze maires, ce qui réduit l'étendue de leur juridiction à une surface de 3 millions de mètres; et, à Bordeaux, à 640 kilomètres du siége du Gouvernement, par l'annexe des huit communes limitrophes, un maire, un maire seul, ayant dans ses attributions tous les pouvoirs municipaux, politiques et administratifs, étendrait sa puissance sur une surface 16 fois plus considérable, 48 millions de mètres !

Franchement, nous ne saurions croire à l'accomplissement de cette détermination, et nous faisons consciencieusement les vœux les plus ardents pour qu'il n'en soit pas ainsi, au nom même de l'ordre public et de la sûreté générale, invoqués précisément en cette circonstance par les auteurs et par les partisans de ce projet extraordinaire.

Bordeaux, le 16 Septembre 1853.

BARREYRE AÎNÉ.

Bordeaux. — Imprimerie RAGOT, rue de la Bourse, 11.

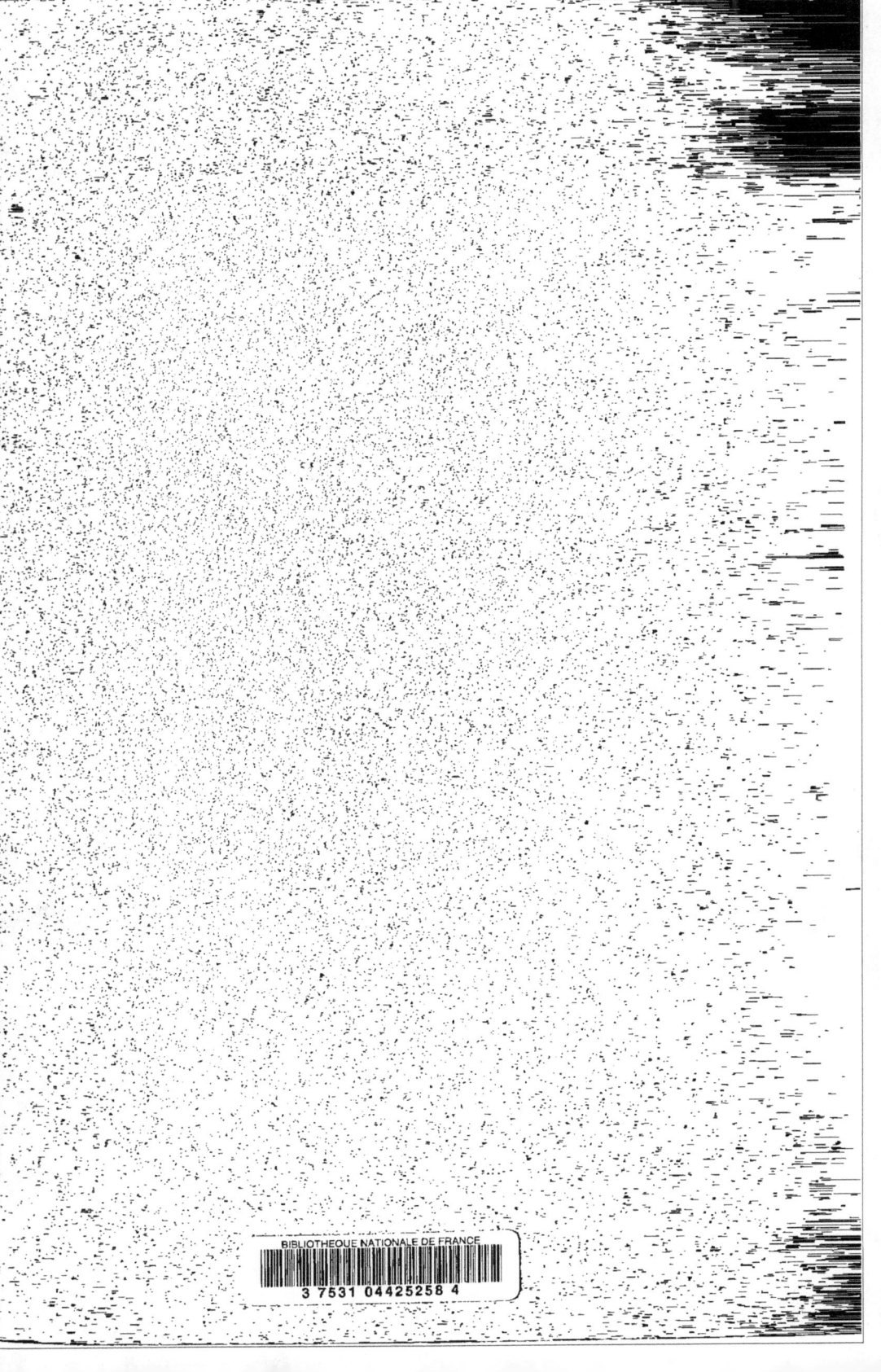

www.ingramcontent.com/pod-product-compliance
Lightning Source LLC
Chambersburg PA
CBHW060641050426
42451CB00012B/2694